DE L'ÉCHANGE

EN

DROIT ROMAIN & EN DROIT FRANÇAIS

ÉCHANGE

DE

L'IMMEUBLE DOTAL

ALIÉNATIONS DU DOMAINE DE L'ÉTAT

PAR

ARMAND MARX

Licencié en droit.

DOUAI

L. CRÉPIN, LIBRAIRE-ÉDITEUR

23, rue de la Madeleine, 23

1877

DE L'ÉCHANGE.

DE L'ÉCHANGE

EN

DROIT ROMAIN & EN DROIT FRANÇAIS

ÉCHANGE

DE

L'IMMEUBLE DOTAL

ALIÉNATIONS DU DOMAINE DE L'ÉTAT

PAR

ARMAND MARX

Licencié en droit.

DOUAI

L. CRÉPIN, LIBRAIRE-ÉDITEUR

23, rue de la Madeleine, 23

1877

JUS ROMANUM

DE RERUM PERMUTATIONE

(D. XIX. 4).

DE ÆSTIMATORIA.

(D. XIX. 3).

PRŒMIUM.

Illi materiæ operam daturum, prius nosse opportet, permutationem et æstimatum illis annumeranda esse negotiis novis, quæ Labeonis tempore introducta paulatim ex ipsa utilitate et juris peritorum prudentia, in usum venerunt. Quæ quidem quum in alium civilem contractum non transeant, proprioque careant nomine, civilem incerti nominis pariunt actionem, vulgoque *innominati* appellantur contractus. Quamvis autem nomina jure civili prodita ac permissa illis deficiant negotiis, pluria tamen vulgari appellatione consuetudine firmata designantur, scilicet *precarium, transactio, æstimatum, permutatio.*

Quæ quum ita sint, nil mirum est, duo nostros contractus, partim communi, partim suo proprio jure regendos esse. Communi: eo scilicet jure quo omnia illius generis negotia utuntur, cujus vero explanatio materiæ nostræ egreditur terminos — Singulari : quod nos nunc extemplo aggrediemur.

CAPUT PRIMUM

DE RERUM PERMUTATIONE.

Utilitas, hujusce negotii non eget commendatione, ipsa enim se ostendit. Quippe quum unus quisque secundum necessitatem temporum et rerum utilibus inutilia permutet. Quamobrem permutationem, quasi vetus quoddam negotium, ab origine omnium humanarum civitatum in usu versatam videmus. Quod sane apud Romanos satis ex lege 1. D. 18. 1 probatur.

Sed in illis antiquis temporibus, quæ in obscuro jacent, permutatio non utique contractus potius vero reciprocæ abalienationis speciem continet. Qui enim rem sibi inutilem alteri dabit, invicem eodemque momento, sibi utilem ex altera parte i..cipiet; ita ut unusquisque et alienationem et adquisitionem simul, uno perficiat contextu. Dare enim, nec rursus statim accipere, hoc est fidem accipientis sequi, creditum rei debitae facere, quod fere nemo eo tempore ultro pati constituit.

Mox autem, temporis incremento, et propter permutationis difficultates, electa est materia, inter omnes pretiosissima, cujus publica ac perpetua æstimatio facile omnibus negotiis accommodaretur. Inde vendendi atque emendi consuetudo, inde emptio venditio, inde actiones quæ ex venditione descendunt (1. pr. D. 18. 1).

Emptione autem existente, permutatio tamen propter utilitatem omnino non periit. Sed natura mutata, primum inter pacta, deinde inter civiles contractus, recepta est.

Fingo enim aliquem mecum illam fecisse pactionem, ut si mihi rem daret, ego invicem rem alteram dem, quod proprium sane est permutationis. Quamvis hoc nobis aeque placuerit, ex neutra parte obligationem oriri constat (3. C. 4. 64) quum illud negotium in proprium nomen contractus non transeat ; scilicet nec emptio venditio, nec locatio conductio, nec societas, nec mandatum sit. Certissima est enim juris regula, nuda pactione obligationem nullam constitui posse, exceptis quatuor qui ex consensu fiunt contractibus.

Finge nunc unum aut alterum contrahentium, me si velis, rem meam ex pactione, alteri mancipasse vel tradidisse; numquid poterim illum nunc convenire ut æque mihi rem suam tradat vel mancipet?

Sane quidem ante Labeonis tempora hoc actione consequi non poteram. Quin imo rem dedi ut rem accipiam, subest ergo causa cur actionem consequi possim!

Non ita veteres jurisperiti senserunt, qui quatuor tantum, e re venientes juris civilis contractus permiserunt quibus permutatio non annumeratur.

Attamen quum inelegans videretur et æquitati contrarium te ex meo detrimento fieri locupletiorem; si pactionem sequi nolueris, condictione utar qua intendam rem a me datam te rursus mihi dare oportere, quasi re non secuta. Quæ dicitur *condictio ob rem dati,* seu *causa data, causa non secuta* (1. 4. D. 19. 4). (5. 1. D. 19. 5).

Illa rei meæ repetitio quamvis æquitati congruens, non sufficit. Quippe enim rem dedi, ut tuam non meam recipiam. Pactionis igitur nostræ fides non servatur. Itaque quia grave est fidem fallere, si dolo feceris quominus res tua mihi non tradatur, nec meam reciperare possim, Prætor *de dolo* actionem mihi accomodare constituit. (4. C. de dolo malo).

Illa vero de dolo actio raro dabatur quum doli probatio sœpius in obscuro jaceret, et ut ultimum subsidium composita, difficillime a Prætore propter condictionis ob rem facilem usum decerneretur. Adde quod neque post annum neque contra heredes admittebatur.

Inde fit ut quum, nec sufficeret ob rem dati condictio, nec de dolo actio, Sabinus et Cassius existimavere permutationem speciem emptionis vetustissimam fuisse; et ideo actionem in factum ad exemplum venditionis accomodaverunt, qua, re mea tradita, rem tuam ex pacto promissam quasi ex venditione debitam consequi possem (arg^m Gaius, III, 141.) Quorum autem opinionem diversæ scholæ auctores victricibus impugnaverunt argumentis : aliud esse existimantes permutationem rerum, aliud venditionem et emptionem, quum in permutatione discerni non possit uter emptor vel venditor sit, utrum videatur res venisse, an pretii nomine data esse. Qui vero, Labionis sententiam probantes (1. D. 19, 5.) quum deficerent, vulgaria atque usitata actionum nomina civili incerti nominis, id est *præscriptis verbis actione* agendum esse putaverunt. Magna de illa quæstione controversia, Gaii temporibus nondum composita *(G. III, 141.)* Pauli vero tempore finem suam habuit. (1. pr. D. 19, 4.) et (5, 1. D. 19, 5.)

Paulus ergo, et sequentes jurisperiti, permutationem et venditionem merito separantes, propriam speciem contractus, id est incerti nominis, in permutatione adgnoscentes, civili præscriptis verbis actione agendum existimavere.

Videamus nunc:

I. Quæ requirantur ut valeat permutatio.

II. Quæ sint utriusque partis obligationes.

I. *Quæ requirantur ut valeat permutatio.*

De illa quæstione pauca notanda erunt. Nempe quum contractibus permutatio annume- retur , nullam permutationem sine consensu duorum contrahentium , sine contrahendi ex utraque parte facultate, sine rebus permutandis, constitui posse, sane constat, quod et in omnibus contractibus reperitur. Adde nunc civilem cau- sam sine qua civilis actio frustra desideratur, quæ in eo consistit, ut alter alteri rem det faciatque accipientis; quod si neuter fecerit nuda pactio permanet, jure non comprobata, et ideo nulla oritur actio. Quod in venditione non ita est; quum nudo consensu, sine ulla traditione, venditi atque empti actiones ex utraque parte gignuntur.

2°. *Quæ sint utriusque partis obligationes.*

Utramque partem ad dandam rem quam pro- misit obligari ante omnia animadvertendum : scilicet ad dominium ejus transferendum : nova cum venditione differentia, in qua solus emptor tali subjicitur obligationi.

— 14

Videamus nunc quomodo res illa se habeat.

1° Finge enim me rem meam dedisse, te autem quantum ad te pertinet fecisse quominus tua obligatio non adimpleatur. Quo casu, duo mihi jus civile præstat actiones : præscriptis verbis, aut si velim causa data causa non secuta.

A. Præscriptis verbis erit agendum non ut reddas quod acceperis sed ut damneris mihi *quanti interest mea illud de quo convenit accipere*. Illa actio inter ceteras bonæ fidei computatur actiones, ut ex Justiniani Institutionibus (IV, 6, § 28) manifesto constat. Cujus autem actionis demonstratio *in factum* exprimitur, quamvis intentionem *in jus* habeat, quia permutatio jure civili caret nomine. Itaque præscriptis verbis rem gestam demonstrat, ita sane : « Quod » AA. NN equum dedit ut NN. AA. bovem » vice sua daret qua de re agitur. » Et relliqua, idest : « Quidquid ob eam rem NN. AA. » dare facere opportet ex fide bona — id judex »· NN. AA. condemna, si non paret absolvito. »

B. Ita vero agere si nolimus et nostram recipere rem malimus , quod datum est repetitur quasi re non secuta (5. 1. D. 19. 5.) (1. 4.

D. 19. 4.) Quo casu quum ad condictionem confugimus, stricti juris actione utimur, qua *dare opportere* intendimus.

2° Illa inter duo actiones eligendi facultas, quarum una ad implendam, altera ad resolvendam pactionem accommodatur non æque reperitur in venditione. Venditor enim, pretio non soluto, venditi actione uti potest non ut res jam tradita et emptoris facta reddatur, sed ut pretium accipiat; nisi de lege commissoria inter se contrahentes convenerint. Illam autem commissoriam legem, omnibus permutationibus tacite inesse merito quis dicat. Cujus differentiæ idonea facile reddi ratio potest. Venditori enim non opportet fidem emptoris sequi, et ideo re tradita dominium apud se retinere nihil hominus potest, ita ut, pretio non soluto, rem apud emptorem vindicare suam liceat. (Inst. II. § 41.) Quod autem in permutationibus facere nunquam possum, cum tantunmodo *e re* idest dominii translatione, obligatio initium sumat.

3° Condictione causa data uti possum, sed ea conditione, si accipientis mora facta fuerit. Tamdiu enim mora facta non sit condictioni locus non erit. Sunt autem qui sentiunt et ante accipientis moram rem datam repeti posse, propter scilicet dantis pœnitentiam. Inde condictio ex pœnitentia. Nec satis probatur illa opinio quæ pactionis fidem graviter offendit. Nec videntur huic sententiæ adversari leges 3. 2. et 5 p. D. 12. 4. quæ condictionem ob pœnitentiam facilius admittunt in iis negotiis mandato persimilibus quæ ultro revocari possunt.

4° Quid vero nunc de periculo rei traditæ dicendum erit? — Quod si res mea ante ullam traditionem factam fortuito casu perierit, nulla erit permutatio quum dare eam ob rem nec jamdudum possim — quod, si tradita et data apud accipientem perierit, seu culpa ejus seu fortuito casu, res perit domino id est accipienti, sed rem ad eo invicem debitam actione præscriptis verbis consequi possum. Quod si vero postquam rem meam tradiderim, res ex altera parte mihi debita apud debitorem perierit, videndum est utrum culpa an fortuito hoc acciderit. Si enim culpá fecerit, quominus rem suam non tradat, præscriptis verbis agendum erit, dolum enim et culpam præstare debet. Si vero fortuito casu res amissa sit, hoc mihi periculo erit. Itaque et debitor interitu rei liberabitur et ego non solum præscriptis verbis sed etiam condictione ad rem meam recuperandam uti non potero (5. 1. D. 19. 5.) Huic vero legi obstat 16. D. 12. 4. hisce verbis : « Et ideo si mortuus est Stichus repetere possum quod ideo tibi dedi ut mihi Stichum dares. » Facilis vero inter illa discrepantia fragmenta concertatio reperietur, si Celsum animadverteris, Legis 16, auctorem, nullam actionem præscriptis verbis, e re data oriendam putavisse.

5° Fingamus nunc eum qui primo tradidit, rem non fecisse accipientis quia res illius non fuerat aut alienandi potestatem non haberat. Quo utroque casu nulla contrahitur permutatio (1. 2. D. 19. 4) et ideo accipiens actione præscriptis verbis conventus absolutus dimitteretur. Ille autem qui alienam rem ita tradidit, condictione causa data, aut si suam sed alienandi potestatem non habuerit, vindicatione uti poterit.

6° Ponamus denique accipientem vice suam rem debitam tradidisse, omne non est peractum. Quod si enim ejus rei alienationis facultatem non habuerit quamvis suæ, præscriptis verbis aut condictione erit agendum. Quod si eam rem, alienam esse constet, obligatio non adimpletur, quæ *ad dandum* consistit. Quod fit ut et ante evictionem factam præscriptis verbis agendum erit, quamvis bonæ fidei sit, qui non alienam tradidit : Magna cum venditione differentia: (1. 1. D. 19. 4). Quod si ea res evincatur simili ratione, præscriptis verbis aut condictione uti licebit.

CAPUT SECUNDUM.

DE ÆSTIMATO.

Hujus negotii utilitas, quamvis maximi sit momenti, in antiquis Romæ temporibus non æque ac permutationis apparuit. Quod si satis est aliquid proponere quo hujus ce negotii forma quodammodo adumbretur, ponamus te rem quamdam alicui tradidisse certo pretio æstimatam, hoc pretio vendendam, hac autem lege ut aut rem restituat si non vendat, aut si vendat pretium æstimationis.

Quod fit ut illud negotium *æstimatum* vulgari nomine appelletur propter æstimationem.

Cujus modi pactio sæpiùs inter mercatores et quosdam circitores nundinas percurrentes frequentabatur, quorum officiis res facilius venderentur. Sed quum erga istos circitores plerumque ignotos et dejectos fides minima esset, ita solitum erat cum iis agere, ut, quo pluris vendidissent, id sibi haberent ; ita mercede quadam incerta scilicet propter officium constituta. Hujus pactionis usus quum panlatim invasisset, actioque desideraretur , fuit magis dubitatum utrum ex vendito mihi tradenti esset actio, an ex locato, ex conducto, mandati, pro socio.

1° *Ex vendito* : quum res æstimata vendenda tradatur et æstimatio venditio sit. Sed placuit non ex vendito actionem esse, quia non videtur emptioni venditioni congruere, emptorem eligendi facultatem habere, pretium solvere aut rem rursus reddere.

2° *Ex locato* aut etiam *ex conducto* actio proponebatur quasi rem vendendam locasse tradens videretur, aut quasi operas conduxisset (l. pr. D. 19. 4) sed hæ actiones nostro negotio non facile accomodantur quum sine mercede res fieret : et etiam mercede promissa, quum hujus mercedis quantitas in incerto relinqueretur.

3° Nec de *mandati* actione questio erat, quia omni modo gratuita esse mandata debent, et ita constituta ne quid detrimenti ex illis mandatarius capiat.

4° Denique *pro socio* actionem esse non placuit quamvis ego rem, tu, curam et diligentiam rei vendendæ præbes; quia si rem pluris non vendideris quam æstimata sit, ni hil tibi debetur pro cura et diligentia, quod sane societatis juri contrarium est.

Quæ quum ita essent, tollendæ dubitationis gratia, quum deficerit omnia actionum usitata nomina, et propter hoc nulla actio utilis ad exemplum earum quæ ex consensu oriuntur reperta esset, conveniret tamen aliquam actionem dari; dandam præscriptis verbis actionem jurisperiti senserunt (l. pr. D. 19. 3). Æstimatum ergo inter civilia negotia computatur, et quidem bona fide gestum. (l. pr. D. 19. 3.) (Inst. IV. 6. § 28).

Manifestum est re vendenda nundum tradita, nudam pactionem permanere. Sed, re tradita, qui tradidit præscriptis verbis utitur ut æstimatio sibi detur. Quod si res non venierit, condictione causa data uti poterit : qui vero rem vendendam ita recipit, nulla utitur actione, nulla mercede constituta. Quod si merces sit, scilicet quod pluris vendideret hoc, re vendita apud se retinet.

Quid nunc de periculo et culpa rei traditæ dicemus, si res vendenda ante distractionem fortuito casu aut negligentia perierit ? Ait Labeo, et post hunc Pomponius, Paulus, et Ulpianus :

1° Si quidem ego te venditor rogavi, meum esse periculum, et ita, re peremptâ præscriptis verbis de pretio non agam , nec condictione ob rem. (17. 1. D. 19. 5.) Dolum tamem præstare debes et culpa.

2° Si quidem tu me rogaveris, quod sæpius apud circitores evenit, tuum est periculum. Rem igitur incorruptam debebis reddere, aut si perierit æstimationem de qua convenit (1. 1. D. 40. 3).

3° Si neuter nostrum alterum rogavit, sed duntaxat consensimus, teneri te constat ut dolum et culpam præstare debes, nec tamen fortuitos casus quorum periculum ad me permanere aequissimum videtur. (17. 1. D. 19. 5.)

DROIT CIVIL.

DE L'ÉCHANGE

PRÉLIMINAIRES

L'échange était le contrat primitif à l'aide duquel les hommes opéraient leurs transactions civiles et commerciales. Lorsque la création de la monnaie facilita les rapports en les rendant plus rapides, l'échange devint la vente. — La vente, est donc un échange perfectionné par le temps, qui, s'il détruit les choses, fait progresser les idées.

Cette substitution de la vente à l'échange se justifie par les plus simples notions économiques. Les coéchangistes devaient chercher longtemps avant de le trouver, le propriétaire de la chose dont ils avaient besoin — encore fallait-il, pour que le contrat pût intervenir, que ce possesseur eut précisément besoin de la chose même dont le premier voulait se défaire. On sent combien les conventions devaient être lentes autant que difficiles. Une valeur représentative, admise par tous, devait faire disparaître ces entraves ; ce fut le rôle de la monnaie.

Toutefois il peut se rencontrer deux personnes, dont l'une est propriétaire d'un objet qui conviendrait à l'autre, leurs rapports se créent alors sans intermédiaire — elles font un échange.

En fait, ces circonstances sont rares, puisqu'elles dépendent du hasard. Aussi notre législateur a réglementé avec soin la vente — le contrat par excellence, — et il lui a suffi d'indiquer sommairement les modifications qu'il apportait à ces dispositions, en matière d'échange.

Dans l'étude du contrat d'échange nous aurons donc moins à nous préoccuper des régles fondamentales qui sont celles de la vente, que des dérogations qui différencient les deux espèces de contrat.

I. DÉFINITION DE L'ÉCHANGE, SES CARACTÈRES.

« L'échange est un contrat par lequel les parties se donnent respectivement une chose pour une autre. » (Art. 1702, C. Civ.).

Sans vouloir discuter les critiques méticuleuses, quoique peu fondées qu'a inspirées cette définition, nous ferons cette remarque : L'échange, comme la vente est un contrat consensuel, il est par lui même aussi translatif de propriété, d'où selon nous cette conséquence : la promesse synallagmatique d'échange vaut échange, le coéchangiste qui se refuserait à accomplir son obligation pourrait y être contraint par jugement et serait passible de dommages-intérêts, s'il y a lieu.

Ce qui distingue l'échange de la vente, c'est que la personne qui donne une chose ne reçoit pas ici un équivalent en argent mais en nature. Ce principe ne doit pas être entendu trop restrictivement, il est des choses qui dans l'esprit des parties joueraient le rôle de monnaie soit à cause de leur fongibilité, soit à cause de la facilité avec laquelle on pourrait les transformer, telles seraient des denrées, des céréales. C'est ainsi que dans certaines contrées de l'Amérique du Nord la véritable monnaie est la fourrure; la même assimilation peut chez nous être donnée à certains objets dans l'intention des parties. Il n'y aurait plus échange mais véritablement vente.

La détermination devient plus délicate, lorsqu'une soulte a été stipulée. Paul veut échanger son immeuble contre celui de Pierre, mais il y a entre les deux héritages une différence de valeur ou de convenance; pour rétablir l'égalité, Paul dont le fonds a moins de consistance convient de payer à Pierre une somme d'argent que l'on appelle soulte.

Y a-t-il vente, y a-t-il échange ? La question présente de l'intérêt puisqu'il y a entre ces deux contrats certaines différences que nous aurons à signaler bientôt.

Eu principe il y a échange : il faut s'en rapporter à l'intention manifeste qui fait la loi des parties, — mais si la soulte était de beaucoup supérieure à la valeur de l'immeuble qu'elle accompagne il faudrait dire que le fait dément la pensée, et que ce que les parties ont appelé échange est en réalité une vente.

II. DES CHOSES QUI PEUVENT ÊTRE ÉCHANGÉES.

Tout ce qui est dans le commerce peut être vendu et échangé.

Il peut se faire que l'un des coéchangistes, ait

donné en exécution de la convention un bien dont il n'était pas propriétaire. C'est la même hypothèse que celle de la vente de la chose d'autrui, c'est aussi la même solution.

L'acte 1704 suppose que l'un des deux co-permutants a déjà reçu la chose à lui donnée en échange : il apprend que son cocontractant n'en est pas propriétaire : En matière de vente l'acheteur, dans ce cas, pourrait immédiatement agir, rendre la chose vendue, répéter son prix et obtenir des dommages-intérêts s'il est de bonne foi — ici, il pourra répéter l'objet donné en échange, rendre celui qu'il a reçu et obtenir une réparation.

Si le coéchangiste n'a pas encore livré la chose d'autrui qu'il avait promise il ne pourra y être contraint, sauf à payer des dommages-intérêts.

Donc selon nous, l'article 1704 est l'application pure et simple de l'art. 1599 du Code civil. L'échange de la chose d'autrui est nul : lo coéchangiste peut agir en nullité en prenant les devants ou attendre, s'il le préfère qu'il puisse prescrire la chose donnée. — Celui qui devait livrer la chose d'autrui, ne peut agir que par voie d'exception. L'art. 1704 du Code civil nous paraît être le corollaire de l'art. 1599 en même temps qu'il est un argument puissant dans l'opinion de ceux qui entendent comme nous venons de le faire, le caractère de la nullité.

Mais ici surgit une difficulté, l'action en répétition pourra-t-elle être opposée aux sous-acquéreurs de celui à qui on répétait la chose livrée. Cela est certain pour ceux qui voient dans les art. 1704 et 1599 une action en résolution résultant de l'art. 1184. Pour eux le coéchangiste qui recevait une chose affectée d'une condition résolutoire, n'a pu transférer sur cette chose plus de droit qu'il n'en avait. Cela est aussi certain pour nous : le contrat est absolument nul pour le coéchangiste trompé ; et ne peut à son égard du moins produire aucun effet. Aussi avons-nous peine à comprendre pourquoi un auteur éminent, qui avait adopté en matière de vente de la chose d'autrui, le système que nous avons exposé, revient sur cette opinion en matière d'échange. Il admet ici la doctrine qu'il avait combattue, et il ne voit dans l'article 1704 qu'une action en résolution (V. Marcadé).

Disons en terminant que l'art. 2279 recevra

son application. — Si l'échangiste avait vendu le meuble qu'il a reçu, le contractant dont l'action en répétition est paralysée n'aura plus contre lui qu'une action personnelle.

III. GARANTIE EN MATIÈRE D'ÉCHANGE.

Les principes sont les mêmes lorsqu'il s'agit de l'exception dilatoire de garantie, mais lorsqu'il y a eu éviction, nous nous écartons sensiblement des règles de la vente. L'acheteur évincé a droit à la restitution du prix, à l'indemnité proportionnelle à la valeur de la chose et à des dommages-intérêts. Le coéchangiste peut demander la valeur de la chose au moment de l'éviction et des dommages-intérêts — ou, à son choix la résolution du contrat.

D'où vient cette différence ? Nous pensons que le législateur a prévu le cas où l'immeuble reçu n'avait pas augmenté de valeur — le coéchangiste évincé n'aurait reçu en argent qu'une valeur égale à l'immeuble qu'il lui avait lui-même donné. — Il fallait alors lui permettre en ce cas de reprendre au moins cet immeuble dont la propriété, aux yeux des rédacteurs du Code, est plus avantageuse que celle d'une somme d'argent;— on maintient le droit à des dommages-intérêts, s'il y a lieu.

Il faut donc éviter de faire une confusion dans laquelle tombent la plupart des auteurs. Ils ont vu une même action en résolution dans l'article 1704 et dans l'art. 1705 et ils la fondent sur l'art. 1184 du Code civil.

Nous avons montré combien cette idée nous paraissait erronée.

Dans l'art. 1704 il s'agit de la nullité de l'échange de la chose d'autrui, dans l'art. 1705 de la garantie donnée au coéchangiste évincé, dans le premier cas il y a annulation, résolution dans le second. Cette question ne présente d'ailleurs qu'un intérêt théorique; en fait le résultat est le même. L'échangiste qui fait annuler le contrat pour agir contre les sous-acquéreurs de son contractant, parce qu'il n'y a jamais eu échange. Celui qui agit en résolution pourra répéter sa chose franche et quitte de toute charge, son contractant ayant un droit résoluble n'a pu conférer que des droits résolubles.

Le co-échangiste ne jouit à la différence du

vendeur d'aucun privilège, pour les dommages-intérêts qui pourraient lui être dus en cas d'éviction, ni pour les sommes qu'il a payées aux créanciers qui avaient des hypothèques sur l'immeuble qu'on lui a livré.

L'action en résolution conférée par l'art. 1705 est donc indépendante d'un privilége qui n'existe pas, aussi ne doit-on pas lui appliquer les déchéances, établies par l'art 7 de la loi du 23 mars 1855 et l'art. 717 du code de Procédure civile, (Nancy, 3 janvier 1862 S. 62,2,353.)

IV. — DIFFÉRENCES ENTRE LA VENTE ET L'ÉCHANGE.

Nous avons dans ce rapide aperçu étudié les régles de l'échange en notant au passage les principes qui dérogent aux dispositions relatives à la vente. Le code pour le surplus nous renvoie au titre VI (art. 1707.) Mais pour compléter notre parallèle nous devons maintenant signaler encore quelques différences qui n'ont pas trouvé place dans notre examen.

1° La rescision pour cause de lésion n'a pas lieu dans le contrat d'échange, (art. 1706). L code s'en est expliqué formellement parce que

Pothier admettait une solution contraire en matière de vente cette action est fondée sur ce motif, que l'acheteur est suspect d'avoir spéculé sur le besoin pressant du vendeur. — Une pareille présomption n'est plus possible, quand personne n'a reçu d'argent.

2° Les clauses obscures du contrat ne peuvent s'interpréter contre le vendeur puisqu'il n'y a ici ni vendeur ni acheteur.

3° Pour le même motif les frais d'acte seront partagés également.

D'ailleurs conformément à l'art. 1707 nous appliquerons les règles de la vente en ce qui concerne la transcription, les conséquences de l'éviction partielle et la responsabilité qu'entraîne pour chacune des parties les défauts cachés dans la chose qu'elle a livrée. (Loi du 20 mars 1838.)

ÉCHANGE DE L'IMMEUBLE DOTAL

(Art. 1559, Code civil)

GÉNÉRALITÉS

L'art. 1559 du Code civil indique une exception au principe de l'inaliénabilité dotale, c'est l'échange.

Le droit romain si soucieux des garanties accordées à la femme dotale le permettait déjà. Paul et Modestin nous apprennent (D. L. 25, 26, 27, XXIII, 3) que l'échange de l'immeuble dotal était possible pourvu qu'il fût prouvé que cette opération était utile à la femme.

L'ancienne jurisprudence, dans les pays de droit écrit se montra favorable à ce genre de transactions. Elle n'exigeait elle aussi qu'une condition, c'est que cette subrogation réelle ne fut pas préjudiciable à l'épouse dotale.

Mais ce système laissait aux tribunaux une liberté d'appréciation dont nos législateurs ne pouvaient s'accommoder.

Cette exception au principe de l'inaliénabilité dotale ne se justifiait ni par l'intérêt des enfants, ni par celui de la famille, ni par celui de la conservation de la dot même, comme les dérogations admises sans discussion dans les articles 1556, 1557, 1558.

La possibilité de l'échange de l'immeuble dotal fut tout d'abord écartée.

Ce ne fut qu'après les vives réclamations des membres du tribunat que l'on revint sur la décision prise.

L'échange ne devait pas, disait-on, éveiller les défiances du législateur. Ce que l'on redoute en général, c'est que l'époux aliénateur qui a touché le prix de l'immeuble ne dissipe cette somme d'argent ou ne l'engouffre dans des entreprises hasardées aussi fréquentes que désastreuses. La clause de remploi est une sauvegarde quelquefois impuissante contre ce danger. Mais ici l'époux aliénateur ne se trouve avoir entre les mains aucune somme d'argent. Il y a échange, immeuble pour immeuble, inaliénabilité pour inaliénabilité.

Il peut se faire, ajoutait-on, que l'échange soit

véritablement utile. Par exemple l'immeuble de la femme est situé à une grande distance du lieu où elle habite, une occasion se présente de l'échanger contre un autre plus rapproché.

Il fallait donc d'une part, permettre au ménage de faire une opération utile et quelquefois avantageuse, il fallait, d'autre part, à défaut d'inaliénabilité conserver ces garanties, qui ont pour but de mettre les époux en garde contre des opérations aventureuses, compromettantes pour leur fortune.

CONDITIONS DE L'ECHANGE. — SES EFFETS.

Le soin du législateur était de s'assurer que l'opération projetée était véritablement utile — il édicte, à cet égard, dans l'art. 1559, cinq conditions que nous allons successivement passer en revue.

1° Consentement de la femme.

Ce consentement pouvait être donné, même par une femme mineure.

Plusieurs raisons militent en faveur de cette solution qui a été contestée.

La femme mineure est émancipée par le mariage (Art. 476. C. c.). — L'art. 1309 consacre à cet égard la maxime ; *habilis ad nuptias, habilis ad pacta nuptialia.* Enfin lui refuser ce droit parce qu'elle est mineure, serait l'exposer à souffrir un préjudice, car l'opération pourrait être faite malgré son refus. Or la loi a précisément pour but de la garantir, — *beneficia non sunt retorquenda.*

2° *Utilité démontrée.* Sur ce point les tribunaux ont un pouvoir d'appréciation souverain. — Mais à la différence de l'ancien droit il ne suffit pas qu'il n'y ait pas préjudice, il faut utilité effective.

3° *Estimation par experts* — nommés par le tribunal.

5° *Écart de moins d'1|5* entre la valeur des deux immeubles.

5° *Autorisation en justice.*

On s'est demandé si cette autorisation, quand elle était accordée, mettait complètement à couvert la responsabilité du tiers. — Pourrait-on démontrer plus tard que l'opération n'était pas alors réellement utile ? Le tiers-échangiste pourrait-il invoquer l'autorité de la chose jugée pour se mettre à l'abri de toute revendication ultérieure de la part de la femme?

Quelques auteurs ont pensé que le tiers-échangiste était dégagé par l'autorisation accordée par la justice. l'art. 1559 semble formel disent-ils, d'ailleurs il n'y aurait plus de sécurité dans les transactions, et l'on se refuserait à tout échange quand il s'agirait d'immeuble dotal.

D'autres ne voient dans l'autorisation de justice qu'une simple homologation qui ne peut servir à protéger le cocontractant. — L'autorité de la chose jugée n'est accordée qu'aux contestations terminées par un jugement contentieux. Les actes de juridiction gracieuse, et c'est là notre hypothèse, peuvent être rapportés, tel serait par exemple le jugement qui aurait homologué une transaction en matière de tutelle.

Quant à nous, la question nous semble devoir être résolue par une distinction.

Le tribunal est appelé à statuer sur deux points : 1° le point de fait : — l'échange est-il utile? — À cet égard il y a autorité de la chose jugée, on ne saurait arguer de l'erreur du tribunal — 2° le point de droit: — Les formalités ont elles été remplies? et, s'il y a des irrégularités le tiers-échangiste n'étant plus exactement dans les termes de l'exception de l'art 1559 rentre dans la règle.

Suivant donc que l'on fonderait la revendication sur une erreur de fait ou sur une irrégularité le tiers devrait, ou non, la subir.

Remarquons que lorsqu'une clause de communauté d'acquêts se joint au régime dotal, l'immeuble de la communauté, acquis à titre onéreux avec les biens communs, échangé contre un immeuble dotal conserve le caractère de la dotalité en vertu des principes de la subrogation réelle.

Enfin l'art. 1559 2° décide que si une soulte a été payée à la femme échangiste l'excédant du prix sera dotal et il en devra être fait remploi.

DROIT ADMINISTRATIF.

ALIÉNATION DU DOMAINE DE L'ÉTAT.

GÉNÉRALITÉS.

L'État , personne morale publique , a un patrimoine susceptible, comme celui des personnes privées, d'être l'objet de contrats : parmi ces contrats, le plus important est l'aliénation.

Mais, de même que la loi a établi en faveur de certains particuliers qu'elle répute incapables en principe, des formalités, qui lui assurent des garanties dans l'aliénation de leurs biens, — de même, des dispositions administratives assurent à l'État contractant un règlement protecteur : Ces dispositions ont surtout pour but d'éviter des conventions arbitraires.

Il y a , d'ailleurs, d'autres dérogations au

droit commun : 1° Dans certains cas, l'Etat peut être à la fois juge et partie. La juridiction administrative — c'est-à-dire l'Etat — pourra être appelée à régler des différends qui surgiraient entre elle et ceux avec qui elle contracte. 2° L'Etat étant toujours présumé solvable, il y a lieu de supprimer certaines règles du droit commun, qui créent en faveur du créancier des sécurités contre l'insolvabilité du débiteur.

Nous avons à considérer ici les principes qui régissent l'aliénation du domaine de l'Etat : Ces modes d'aliénation sont la vente, l'échange, la concession. L'étude des principes se réduira à l'examen des dérogations au droit commun, établies par les lois administratives.

HISTORIQUE.

L'ordonnance de Moulins, rendue en 1566, interdisait d'une façon absolue la vente du domaine de l'Etat.

L'Assemblée Constituante, dérogeant à cette

règle, établit une distinction entre le domaine public et le domaine privé, et décida que le premier pourrait être l'objet d'une aliénation. Elle considérait, avec raison, que les biens entre les mains des particuliers seraient plus productifs qu'entre celles de l'Administration publique.

CHAPITRE Ier.

VENTE DU DOMAINE DE L'ÉTAT.

Nous ne considérerons ici que la vente immobilière ou mobilière, l'État étant vendeur. *L'acquisition* n'étant pas comprise dans *l'aliénation* que nous entendons *stricto sensu.*

SECTION Ire.

VENTE IMMOBILIÈRE.

§ Ier. — *Formes de la vente.*

La vente du domaine de l'État exige, pour être parfaite, le consentement des parties contractantes : pour l'expression de ce consentement, la personne morale doit être représentée.

Quelle devait être à cet égard la compétence

respective des deux pouvoirs législatif et exécutif? Il faut pour examiner comment cette question a été résolue diviser en deux périodes notre
histoire administrative sur ce point.

1re PÉRIODE.— *Depuis la Constituante jusqu'à la
loi du 1er juin 1864.*

La loi du 22 novembre 1790 décidait que le
pouvoir législatif avait une qualité pour consen-
tir à l'aliénation.

Puis intervinrent, pendant l'époque intermédiaire, d'autres lois : celles du 16 Brumaire an
V, 16 Floréal an X, 5 Ventose an X, relatives
aux formalités de la vente dans notre hypothèse.
On discutait vivement, à cette époque, la question de savoir si ces lois modifiaient la loi anté-
rieure de 1790. Les uns voulaient avec raison
la maintenir. D'autres, et ceux-là voyaient la
pratique consacrer leur doctrine, pensaient que
contrairement à la loi de 1790, le pouvoir législatif n'avait plus le droit d'intervenir dans les
ventes faites par l'Etat.

Ils s'appuyaient sur des travaux préparatoires,
toujours complaisants, et sur une explication de

la loi de l'an X, donnée par le directeur des domaines, dans une circulaire du 22 Mess. an IX, qui semblait affirmer les droits du pouvoir exécutif.

2e PÉRIODE. — *Loi du 1er juin 1864.*

Cette loi tranche la contfoverse que nous avons exposée : c'est une véritable transaction. En principe le pouvoir exécutif peut seul aliéner les domaines de l'Etat, *sauf exception.*

Tous les immeubles du domaine de l'Etat peuvent donc être en principe aliénés par le pouvoir exécutif : il est bon de remarquer toutefois, que les Chambres ne perdent pas leur droit de contrôle ; il subsiste dans la loi des comptes qu'elles ont à voter ; il a une sanction dans la responsabilité ministérielle ; enfin le gouvernement ne pourra jamais employer à son gré les sommes provenant de l'aliénation, il devra attendre le vote du budget.

Voilà quel est le principe, voyons l'exception :

Quand l'immeuble national a une valeur supérieure à un million, le pouvoir législatif doit intervenir dans la vente à peine de nullité ; il importe peu que la vente projetée soit partielle ou totale ; et il ne fallait établir aucune distinction, car il eût été trop facile d'éluder la loi en faisant plusieurs aliénations.

La valeur de l'immeuble est déterminée avant la mise en vente par des experts : on pourrait, sur ce point, blâmer la loi de s'en être rapportée à des experts nommés par le pouvoir même dont leur procès-verbal fixe la capacité.

§ II. — *Formalités extrinsèques de la vente.*

La vente est accomplie au moyen de la procédure d'adjudication dont la publicité amène la concurrence et écarte toute crainte de faveurs ou de dilapidations.

Les principales formalités consistent dans l'estimation de l'immeuble, — l'apposition d'affiches dans la commune de le situation de l'immeuble et dans celle de l'adjudication, — les publications à haute voix à quinze jours d'intervalle, — l'écoulement du délai d'un mois. Puis a lieu l'adjudication même : elle se fait dans les communes chef-lieu sous la surveillance du Préfet, assisté du directeur des domaines, — dans les autres en présence du Sous-Préfet, accompagné d'un membre de l'administration délégué par le directeur.

Les conditions de la vente sont révélées au public par un cahier des charges, conforme au modèle donné, par un décret du 19 juillet 1850, en vertu d'une loi du 8 mai de la même année.

Le contrat existe dès que l'adjudication est prononcée — sauf, et c'est là une dérogation que peut contenir le cahier des charges, approbation du Ministre des finances.

Exceptionnellement, en vertu d'une loi du 3 mai 1841, art. 13, la vente peut avoir lieu à l'amiable quand l'Etat, devenu propriétaire de la totalité d'un immeuble après expropriation pour cause d'utilité publique, veut en revendre une partie.

§ III. *Preuve de l'opération juridique.*

Elle s'obtient par les moyens de droit commun; mais, dans notre matière, le rôle du notaire sera rempli par l'agent de l'Administration des Domaines.

§ IV. *Effets de la vente.*

Nous n'avons pas à énumérer ici les effets communs à la vente Civile et à la vente Administrative. Nous nous contenterons de signaler les dérogations au droit commun :

1° *En droit civil*, l'aliénation, pour être opposable aux tiers, doit être transcrite conformément à la loi du 23 mars 1855; en présence de la publicité beaucoup plus effective qui entoure les ventes administratives, cette formalité n'est plus nécessaire.

2° *L'art.* 1652 *du Code civil* indique limitativement certains cas où l'acheteur doit l'intérêt du prix de vente jusqu'au paiement du capital. — En matière administrative, les intérêts seront dus par l'acquéreur dès l'entrée en jouissance et de plein droit (Loi du 8 mai 1850).

3° *L'art.* 1663 *du Code civil* qui permet à l'acquéreur de suspendre le paiement du prix s'il a lieu de craindre, en cas d'éviction, l'insolvabilité de son garant, doit également être écarté puisque l'État est toujours réputé solvable.

4° *En cas de non paiement* par l'acquéreur les voies de recours de l'Etat sont plus énergiques. — Quand il y a vente civile par adjudication, on procède à une seconde vente sur folle enchère; le premier acquéreur reste débiteur de la différence du prix entre la première adjudication et la deuxième. — L'art. 8 de la loi du 15 Floréal an VIII, l'art 2 de celle du 8 mai 1850 permettent à l'Etat de résoudre la vente, si le prix n'a pas été payé par l'acquéreur, ou ses ayants-cause, et d'obtenir, à titre de dommages-intérêts, une amende de $1/10^e$ ou de $1/20^e$ contre le premier adjudicataire.

SECTION II.

VENTE MOBILIÈRE

Le pouvoir du gouvernement est ici absolu. Une loi préalable n'est plus nécessaire, mais l'adjudication publique sauvegarde toujours le principe de la concurrence.

CHAPITRE II.

ÉCHANGE DU DOMAINE DE L'ÉTAT.

Pour ce mode d'aliénation on conçoit que l'adjudication n'est plus possible, aussi entoure-t-on le contrat de grandes précautions.

L'ordonnance de 1827 les énumère : il faudra une loi spéciale précédée d'une expertise et de l'avis du ministre des finances — le contrat n'est rendu parfait que par décret présidentiel, après avis de l'administration des domaines, — enfin il faut une autre loi pour lui donner force exécutoire.

CHAPITRE III.

CONCESSION.

La concession est l'aliénation de la propriété ou de la jouissance d'un bien de l'État, moyennant ou non le paiement d'une redevance, aliénation faite dans l'intérêt général.

Donc, ce qui distingue le contrat de concession, c'est que le but du gouvernement est ici économique et non financier.

On peut citer à titre d'exemple, les concessions de terre en Algérie, du droit de pratiquer des prises d'eau qui ne nuiront pas à la navigation; celle des lais et relais de la mer.

Ce qui différencie la concession de la vente,

c'est que dans la première il n'y a pas adjudication. — L'Etat vise un particulier qui semble présenter des garanties spéciales. La redevance due par le concessionnaire n'est pas la représentation exacte de la valeur acquise; l'aliénation peut ne porter que sur un droit de jouissance.

Ce qui sépare la concession de la donation, c'est qu'il n'y a pas intention de libéralité.

La concession doit être en principe autorisée pour une loi. Pour les lais et relais de la mer, un décret présidentiel suffit.

———

8831 — Douai, imprimerie L. Crépin, 23, rue de la Madeleine.

IMPRIMERIE L. CRÉPIN
DOUAI

IMPRIMERIE L. CRÉPIN
L
DOUAI

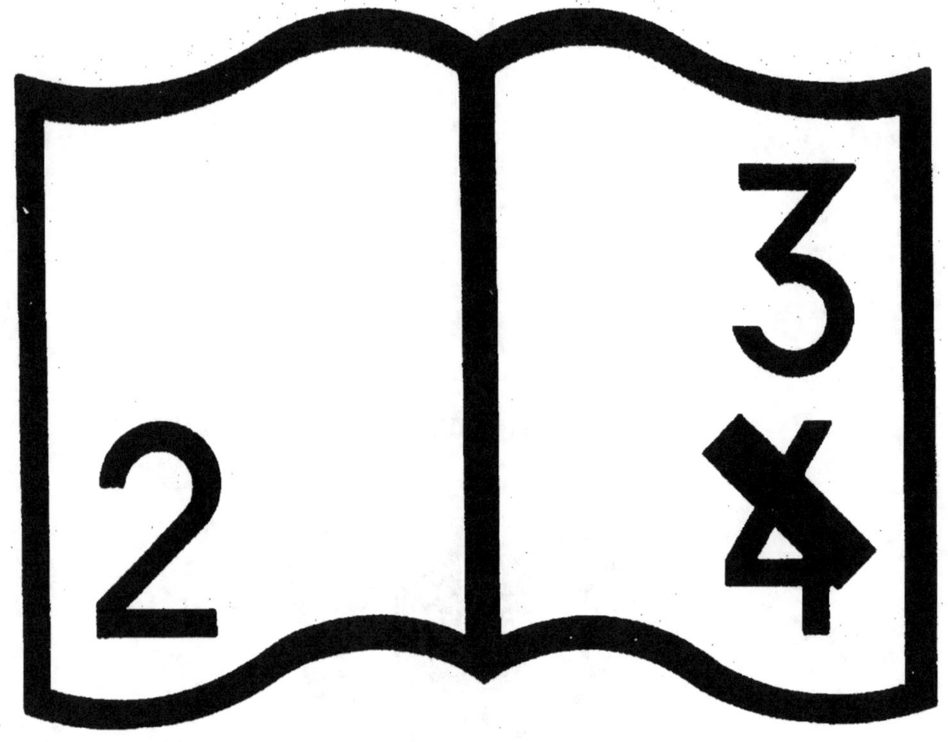

Pagination incorrecte — date incorrecte

NF **Z 43**-120-12

www.ingramcontent.com/pod-product-compliance
Lightning Source LLC
LaVergne TN
LVHW010328030726
842520LV00004B/1324